让孩子笑着读懂历史

趣味学中国历史

方舒眉 —— 著　马星原 —— 绘

北京理工大学出版社
BEIJING INSTITUTE OF TECHNOLOGY PRESS

序

　　中国的历史源远流长，当中有很多有趣而未被解答的问题，既有我们耳熟能详的历史事迹，也可能有我们意料之外的发现。

　　无论你是小朋友、青少年，还是成人，只要对中国历史感兴趣，这本益智有趣的《趣味学中国历史》都能满足你的好奇心。本书特别收集了很多有趣的历史知识，以简洁的文字，配合著名漫画家马星原先生绘制的一众卡通角色，为大家"导航"！

　　本书从三皇五帝时期一直叙述到清代，有近百个有趣题目，例如"屈原：'端午节与我无关！'""项羽火烧阿房宫可能是冤案！""火箭的起源原来是中国！""遗诏里的风波——雍正改康熙遗诏？""观音是男还是女？""为何只有东宫和西宫娘娘，没有南宫和北宫娘娘？"

　　如此别出心裁的题目，阅读后，保证你从此爱上中国历史！

目录

第一篇 三皇五帝夏商周　春秋战国乱悠悠

- 002　蚩尤后代来点名！
- 003　禅让制：平和的君主交替制度？
- 004　仓颉造字辛酸史！
- 005　古人也爱美——我要照镜子！
- 006　动植物的智慧：鲁班"偷师"造锯子
- 007　"死"得自然——古代悬棺
- 008　屈原："端午节与我无关！"

第二篇 秦汉三国西东晋　南朝北朝是对头

- 010　古代最伤心故事！孟姜女哭崩长城？
- 011　奇妙的法宝！"秦镜"和"人镜"
- 012　前往秦始皇坑儒的凶案现场！
- 013　日本开国神武天皇竟然是"偷渡客"？
- 014　项羽火烧阿房宫可能是冤案！
- 015　在风暴中重生的楼兰！
- 016　出来吧，"自大"的"夜郎"！
- 017　大象给七岁曹冲下战书
- 018　匈奴——影响亚欧的民族！
- 019　中国的第一份报纸！
- 020　"免死金牌"，很想要吧？
- 021　废除肉刑的勇敢女子——缇萦
- 022　昭君出塞后，画师被秋后算账！
- 024　中国第一古刹竟然以"白马"为名？
- 025　造纸造到自创品牌——蔡侯纸

第二篇

026 "华佗"其实是外号
027 华佗——麻醉药的开山祖师!
028 华佗被害的真相!
029 刘禅真是扶不起的刘阿斗吗?
030 我老大是诸葛亮!
032 诸葛亮百宝袋——木牛流马
033 王羲之家的蓄水池——墨池
034 行商有道的王羲之:帮老婆婆卖扇!
035 梁武帝——当和尚的致富之道!

036 小剧场1

第三篇

隋唐五代北南宋 元明清后帝王休

040 为隋炀帝平反!修建大运河并非单纯享乐
041 功过参半——隋炀帝是明主还是昏君?
042 武则天的驯马秘籍
043 吐蕃王娶文成公主,靠的竟然是……
044 中国历史上第一个自称皇帝的女人
045 武则天无字碑的千古之谜!
046 韩愈曾经祭鳄鱼?
047 唱戏唱失天下的皇帝!
048 潘仁美——"被奸臣化"的潘美
049 来看看中国最早的对联!
050 范仲淹每一餐都只吃白粥?
051 让包公一举扬名的"牛舌案"!
052 苏东坡自学之道:抄、抄、抄!
053 火箭的起源原来是中国!
054 《清明上河图》反而处处秋景?
056 岳飞一个打两个!

第三篇

- 058　油炸鬼炸的是什么鬼？
- 059　蒙古骑兵成为天下第一的成功之道！
- 060　蒙古帝国版图全公开！
- 062　回族是怎样形成的？
- 063　马可·波罗真的来过中国吗？
- 064　中国历史上第一个外籍太监！
- 065　中国旧式大炮名称"崇洋媚外"？
- 066　古代也有特工？
- 067　大写数字的技能——杜绝贪污！
- 068　开餐啰！美味的"三汤五割"！
- 069　郑和七次下西洋的真正目的！
- 070　明世宗也兼职！
- 071　越战越强！新兵器"狼筅"！
- 072　闯王李自成逃过大难，削发为僧？
- 073　"留发不留头"，你选留发还是留头？
- 074　乾陵石像无头之谜！
- 075　来猜一道 IQ 题——"八大山人"！
- 076　吴三桂的称帝之路！
- 077　高科技武器——血滴子！
- 078　遗诏里的风波——雍正改康熙遗诏？
- 080　清双妃有单独园寝？
- 081　孔府大门对联有错字！
- 082　千古冤案——文字狱！
- 083　和珅作为贪官之最的实力！
- 084　中国最后一个皇帝是谁？
- 085　孙中山老是改名
- 086　现在颁发的是——最威风黄马褂大奖！
- 087　刀枪不入的传说——义和拳！

088　小剧场 2

第四篇 中国神秘事件簿

- 092 观音是男还是女?
- 093 揭开中国的UFO历史!
- 094 中国有本土的宗教
- 095 龙究竟是神兽,还是合成生物?
- 096 乐山大佛身高之谜!
- 098 "八仙"是人是鬼,是神是佛?
- 100 萌萌的喵星人,竟然不在十二生肖之中!

- 102 小剧场 3

第五篇 绝密档案:皇室秘闻

- 106 汉代帝王的殓服——金缕玉衣!
- 107 为何只有东宫和西宫娘娘,没有南宫和北宫娘娘?
- 108 齐来解构黄马褂!
- 109 "三武灭佛"——在佛祖头上动土?
- 110 "紫禁城"成名之路!

第六篇 问答大赛

- 112 站在潮流的尖端——古人也文身?
- 113 汉族有民族服装吗?

- 114 小剧场 4
- 117 小剧场 5

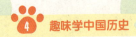

第一篇

三皇五帝夏商周
春秋战国乱悠悠

蚩尤后代来点名!

蚩尤有后代吗？有，传说**苗民**正是蚩尤的后裔。

五千年前，蚩尤、黄帝、炎帝分别是三个氏族的首领。为了良田沃土，蚩尤氏族与炎、黄二帝的氏族发生了战争，结果蚩尤**战败被杀**。

蚩尤所领导的九黎部落失去领袖后，迁移至长江中游，建立了**三苗国**。历代战争不断，苗民从东向西，从江淮平原到乌蒙高原，共有**五次大迁徙**，如今主要聚居在**云黔**一带。

清初时，有部分苗民辗转至越南、老挝、缅甸及泰国等地。1975年后，大批老挝苗民移民至美、法和澳大利亚。

现在点名！没来的同学举手！

禅让制：
平和的君主交替制度？

所谓禅让制，是一种和平地**将最高权力转授于贤能者**的方式。这种权力交替，虽然比不上现代的"民主选举"制度，但总比父子相传的"家天下"要好。可惜这种禅让制只发生在古代的尧舜禹时期。

据《史记》记载，尧帝老迈时，他问大臣谁能继位好好治理国家，大家都推荐了舜。尧为了考察舜的性格和品德，特意将两个女儿嫁给舜。三年考察结束后，尧把帝位传给了他。其后，舜仿效此例将帝位禅让于禹。

尧舜禹之后，也有以禅让之名，实行夺权的**"假禅让"**行为。例如，西汉的王莽，便逼当时年仅4岁的刘婴禅位给他。三国时，曹丕也逼汉献帝禅位于他。

仓颉
造字辛酸史！

仓颉，传说是黄帝时的官员，主要职责是为黄帝记事，本来所用的是**"结绳记事法"**，所谓大事打一个大结，小事打一个小结，相连的事打一个连环结。但事情愈来愈繁杂，结绳远远不能应付实际的需要。

于是仓颉就想如何才能更有效地记事。有一天，他看到鸟兽的足迹而有所顿悟，想出了以**图像符号**来记事的方法，他给这种符号起了个名字，就叫做**"字"**。

传说归传说，汉字不可能由一个人创造出来，仓颉之前，想必应该有一些图画般的简单"象形文字"。仓颉将其归纳、整理和增添，形成统一的文字以传后世，被封为"造字圣人"也是实至名归。

古人也爱美——
我要照镜子！

镜子是人们日常生活的必需品。古人把镜子称为"鉴"，原因是发明镜子前，人们将水盛于盆中来映照自己的样子，那盛水的陶盆被称为"监"。至殷商年间，中国进入青铜时代，陶土烧制的"监"改为以青铜冶铸，于是"监"改为"鉴"。

后来，人们觉得用铜盆盛水照影不方便，光滑的铜面就可以清晰映射出外界的影像，于是将青铜铸成平面，打磨光亮，这就是最早的镜子，名叫**铜镜**。在河南安阳的商墓里，人们曾挖掘出商代的铜镜。在古代，"镜""鉴"二字是通用的。

魔镜魔镜，谁是世上最可爱的猫？

动植物的智慧：鲁班"偷师"造锯子

鲁班是春秋时期的**著名工匠**，更被后世奉为**工匠祖师**（民间一般以农历六月十三日作为鲁班先师的生辰）。

鲁班，姬姓，公输氏，名班（又称般），因为他是鲁国人，所以被称为鲁班。

传说他发明锯子的故事是这样的：因鲁班需要很多木材，故派徒弟上山伐木，但进度非常缓慢。鲁班着急了，决定亲自上山督工。上山时，他揪着一些野草借力，却被野草割破了手，鲁班觉得很奇怪：小小的野草为何有此力量呢？

他摘下一片叶子仔细观察，发现叶子两边都长着**锋利的锯齿**。他又见到不远处有一只蝗虫正在啃食草茎，仔细一看，蝗虫的两枚大板牙上也有许多锯齿。

这些发现启发了鲁班，他连夜设计出世界上第一把锯子，并请铁匠根据其设计，制造出了一把实用的铁锯。

"死"得自然——古代悬棺

中国古代的丧葬形式多样，例如，土葬、火葬、水葬、船棺葬、悬棺葬等。而丧葬形式之中，最令人称奇的想必是**悬棺葬**。

所谓悬棺葬，就是利用木桩或天然岩缝把棺木悬置在悬崖峭壁之上，或半置于崖缝、崖洞内或崖外。这些棺柩(jiù)下临万丈深渊，上则隐身于云雾缭绕之中，充满了神奇色彩。

其实这种丧葬形式充分反映了古代南方民族"**水行山处**"的思想，表达了古人对山水的依恋和寄托之情。同时，悬棺葬在悬崖峭壁上，也有**防盗防掘**的作用，可以保护死者的灵魂不受干扰。

现今，在福建武夷山、江西贵溪仙岩、从奉节到宜昌的长江三峡、四川的忠县等地都发现了这种悬棺葬。但在战国、秦汉时期，人们是如何将棺柩放上去的呢？这还是一个谜！

屈原："端午节与我无关！"

提到端午节，除了最受欢迎的假期、美味的粽子外，人们还会想起屈原，因为民间传说端午节是为纪念屈原而设的。其实，在屈原投汨(mì)罗江前就已有端午节了，它是**龙的节日**，是古代**百越人民**举行**图腾祭祀**的节日。

古代的百越人民以龙为图腾，把龙视为自己的祖先和保护神，他们每年五月初五都要举行盛大的图腾祭祀活动，将装在竹筒或裹在树叶里的食物抛入河中献给龙神吃，并划着刻有龙形的独木舟在水中取乐，表演给龙神看，这才是端午节的由来。

我还没跳呢……

第二篇

秦汉三国西东晋
南朝北朝是对头

古代最伤心故事！
孟姜女哭崩长城？

"孟姜女""白蛇传""牛郎织女""梁山伯与祝英台"被誉为**中国四大民间故事**。

事实上，梁祝化为蝴蝶、牛郎织女星宿下凡、白素贞为白蛇化身等，都是不可能的事情，只是**神话传说**而已。

那么，孟姜女呢？话说秦始皇时，有一对新婚夫妇，男的叫范喜良，在婚后三天便给拉去筑长城，不久竟劳累而死。其妻孟姜女万里寻夫到长城，知道夫君已亡，便日夜不停地哭喊，八百里长城竟被哭倒了。

好端端的长城竟被哭塌，真是"豆腐渣工程"中的极品！这传说当然是后人杜撰出来的。

据《左传》记载，春秋时期，齐国人杞梁在进攻莒(jǔ)国的战斗中阵亡，其妻扑在他的尸体上，在城下痛哭了七天七夜，连城墙也崩塌了。这大概是**"孟姜女哭崩长城"**的原型，后人憎恨秦始皇，所以连这笔账也算到他头上去了。

奇妙的法宝！
"秦镜"和"人镜"

内脏人心速速现！

中国古代的制镜技术至战国时代已十分高超。据说秦始皇有一面铜镜可以照见人的五脏六腑、知道人心的正邪，这当然是十分夸张的说法，那时还未有X光透视呢！不过从此以后，"秦镜高悬"四字便用以形容能判断事理的人。

而唐太宗李世民有一面非常珍贵的"人镜"，他曾说："以史为镜，可以知兴替；以人为镜，可以明得失。"他指的"人镜"便是常向他进谏的忠臣**魏征**。

前往秦始皇坑儒的凶案现场！

史书记载，秦始皇挖坑活埋四百六十多个儒生。这是"焚书"的延续，史称**"焚书坑儒"**。

但如此大规模地坑杀儒生，其"行凶地点"在史籍上却没有记载。直至东汉卫宏在《诏定古文官书序》上指出是**骊山温谷**。虽然有学者指出这只是传说，但骊山温谷却从此被叫做**坑儒谷**，又叫愍(mǐn)儒乡，也就是现在临潼县向西十千米左右的洪庆堡（洪庆堡过去一直叫做灭文堡）。

坑儒谷是一个狭长幽深的山谷，两边皆是峻岭悬崖，只要投下土石块，守住谷口，别说数百人，就是几千人也逃不出来。但坑儒是否真的在此，仍有待进一步证实。

日本开国神武天皇竟然是"偷渡客"？

徐福是秦始皇的**御医方士**，秦始皇想长生不老，徐福唯有瞎编说东海有仙山三座，山上有神仙和长生不老药云云。

秦始皇下令他出海去找。徐福去了一次，空手而回，自然又编出许多托词。秦始皇仍对他深信不疑，数年后又下令他二度出海。徐福心道，这回再找不到仙药回来，脑袋肯定得搬家！于是他就带齐农工百匠、耕作种子和童男童女各五百人，浩浩荡荡出海，从此一去不返。

据说，徐福到了东海的**日本国**，又名**倭**(wō)**国**，便率众定居于此，其子孙至今皆称**秦氏**。有人猜测，徐福就是传说中的日本开国之祖——神武天皇。

据研究，现代日本人的头骨与中国浙江、江苏、安徽、福建各省人的头骨有很多吻合的地方，证明日本史前时代的祖先与中国人有血缘关系。日本至今保存有"徐福宫""徐福岩""徐福上陆地纪念碑"等。

项羽火烧阿房宫
可能是冤案!

　　项羽火烧阿房宫的说法流传了大约两千年,成为众所周知的历史常识,《史记》上也说:"烧秦宫室,火三月不灭。"

　　相传,阿房宫大小殿堂七百余所,"东西五里,南北千步"。如今在西安西郊还保存着60万平方米的**阿房宫遗址**。但踏入21世纪,中国的阿房宫考古队,经历两年多时间,对遗址进行地毯式考古勘探,竟得出意料之外的结果:阿房宫没有被火烧的任何痕迹!甚至,阿房宫本身根本就**没建成**过!

　　《史记》说的"烧秦宫室,火三月不灭",应该是**秦都咸阳宫**等宫殿。《秦始皇本纪》中也清楚指明"阿房宫未成",只是暂时叫作"阿房宫"。历史中的阿房宫不但没有建成,更未被烧毁过,那么项羽很可能是被冤枉了。

在风暴中重生的楼兰！

《史记》中最早记载，西域有个名叫楼兰的地方，位于罗布泊绿洲。

其后的史书提到的楼兰，指的是古代**丝绸之路**上的一个交通枢(shū)纽和商贸重镇。

但公元4世纪后，楼兰突然从中国史籍上消失，这是怎么回事呢？是否真有这样一个地方？

1900年，瑞典的探险家**斯文·赫定**与同伴、向导一同前往塔克拉玛干沙漠探险，突然遇上大风暴，狂风过后，一座古城奇迹般地展现在眼前！

后经挖掘，出土了大量的文物，由此证明这儿就是楼兰所在。

据考证，罗布泊湖水北移，楼兰因此水源枯竭，变成了"**无水之城**"，百姓唯有弃城而去。而被留下的死城随着岁月的流逝，渐渐被黄沙掩盖了。

出来吧，"自大"的"夜郎"!

"**夜郎自大**"这个成语很多人耳熟能详，典故出自《史记》：汉武帝派使者到夜郎，井底之蛙的夜郎国王问："汉的疆域与夜郎比，谁大？"

从史书记载和文物资料来看，中国古代确有夜郎这个地方，但未必是现代意义上的完整统一的国家，很可能是夜郎族长统领的一个**民族群体**。

古夜郎存在于战国至汉代，地域大致是今日的云南、贵州一带。

在汉成帝河平二年（公元前27年），夜郎王率周围22个邑大举反叛汉王朝，最后被**汉**军击败。

大象给七岁曹冲下战书

曹操有个儿子,叫曹冲。

曹冲七岁的时候,番邦大使进贡一头大象给曹操。曹操想知道这头大象的体重,便召集群臣,叫他们想办法来称大象。群臣都对这个庞然大物**束手无策**。

这时,小曹冲却说:"我有办法!"

他先叫人将大象牵到一条船上,在船身的水位处画出一条线做记号。然后把大象牵上岸,再将石头一块块搬到船上,直到船下降到那条水位线。接着便将船中的石块过秤,这些石头的总重量就是大象的体重了。

曹冲的智慧让大家极为赞赏,可惜,他未及成年便在一场大病中**夭折**了。

匈奴——
影响亚欧的民族！

匈奴是公元前3世纪时兴起的一个**游牧民族**，其后不断壮大，很快成为中国北方最大的游牧部族之一。秦汉之际，匈奴人不断南下侵扰。

公元前1世纪，汉武帝重创匈奴。公元48年，匈奴八族共立日逐王比为单于，与薄奴单于分庭抗礼，后南下附汉称臣，被安置在河套地区，是为南匈奴，而留居漠北的称为北匈奴。

建立大夏国的赫连勃勃，其父是姓刘的匈奴人，子孙也姓刘，现今陕北一带姓刘的人比较多，可能就是匈奴后裔。西迁的匈奴人因入侵顿河以东的阿兰国，因此推动了欧洲民族的大迁移。虽然匈奴王国仅仅是昙花一现，但其后代的一部分却在**欧洲**留了下来。现今的匈牙利人与欧洲其他地方的人在长相上有明显的区别，据说这很有可能与匈奴人有关。

上面这个说法，虽然已被匈牙利官方否定，但在匈牙利民间仍有约十万名自称是"**匈奴后裔**"的人，正努力争取其"合法"地位。

中国的第一份报纸！

报纸是用来传递消息、报道新闻的，那么，中国是什么时候出现报纸的呢？原来在汉代时就有，那时叫做邸(dǐ)报。

邸是汉时各郡侯国设在京城的一个机构，负责把地方官吏的奏章呈给中央，由邸官手抄发出的文件便叫做邸报。有学者认为，汉初便有的邸报，是世界上最早的报纸，不过这有待考证。

到了唐末，有了按日罗列朝廷动态的新闻，"邸报"一词才开始流行，但始终也只是抄本而已。在伦敦大英博物馆里，有一份发行于唐僖宗光启三年（公元887年）的《进奏院状》，详细报道皇帝在兴元、凤翔两地的活动情况。这份邸报，是现有最古老的中国报纸，也算是世界最古老的报纸。

当然，邸报顶多是报纸的雏形，还不是真正传播新闻的报纸。

"免死金牌",很想要吧?

民间俗称的"免死金牌",正式名称为**"丹书铁券"**,亦作"丹书铁契"。

它是外形如筒瓦状的铁制品,上面以丹砂填字。可断为二,受券人与朝廷各执一半作为凭据。

丹书铁券始于汉代,汉高祖刘邦夺得天下后,为笼络功臣,颁给元勋"丹书铁券"作为褒奖。当时还无免罪和免死等许诺,仅作为一种**加官晋爵**的凭证。

到了南北朝至隋唐时期,颁给皇族宗室、名将功臣的铁券已有护身保家之用。但真正犯了谋反之罪的人,还是难逃一死,这就是所谓**"除谋逆不宥"**。

绝招!免死金牌牌牌牌牌……

废除肉刑的勇敢女子——
缇萦

　　肉刑是古代一种可怕的刑罚，例如，砍手、砍脚、割鼻、刺字等。汉文帝其中一项德政，就是**废除肉刑**。这项法令的产生，背后其实有一个动人的故事！

　　话说临淄(zī)有位名医叫淳于意，一次，有个大商人的妻子得了重病，请他去医治，但那女人吃药数天后就去世了，商人仗势诬告淳于意是庸医，用药害死人，最后官府判他肉刑。

　　淳于意有个小女儿叫**缇萦**(yíng)，她为了营救父亲，便写信给汉文帝，痛陈肉刑的弊端，说一个人若是被砍去脚就成了残废、割了鼻子不能再安上去……若是误判了便没法补救，即使确实有罪，又为何不给犯人一个改过自新的机会呢？

　　汉文帝读了信后，觉得很有道理，下令正式废除肉刑，以打板子来代替，缇萦因此救了父亲。

昭君出塞后，画师被秋后算账！

听过"沉鱼落雁，闭月羞花"这句赞美女子漂亮的话吗？

这句话，是专用来形容中国历史上的**四大美人**的。沉鱼指西施，落雁指王昭君，闭月指貂蝉，羞花指杨贵妃（杨玉环）。

能够使飞雁看到她，都忘了拍打翅膀而掉下来的王昭君，当然是美得不同凡响！为何汉元帝会舍得将她"**和番**"嫁与匈奴呢？

公元前33年，匈奴王呼韩邪(yé)来到长安，要求当汉朝女婿，请汉元帝赐婚，获准。但汉元帝可舍不得让娇生惯养的公主嫁到塞外吃苦，于是着人到后宫随便挑个宫女打发他。

王昭君，姓王，名嫱(qiáng)，年少时已被选入宫，却一直默默无闻，听到有机会出宫，哪管是塞外什么的，赶忙报名自愿和亲。

匈奴王得到这样一位美女做妻子，自然高兴万分，当他带着昭君上殿谢恩辞行之际，汉元帝才看清楚昭君的美貌，惊为天人，但反悔已太迟，唯有眼睁睁地看着美人"和番"去了。

昭君出塞后，汉元帝查出，当初昭君因为不肯贿赂画师**毛延寿**，所以被人画得貌丑不堪，以致失去入选为"妃"的机会。汉元帝龙颜大怒，立即将毛延寿治罪。

中国第一古刹
竟然以"白马"为名？

成为中国第一白马不是梦！

在河南洛阳东郊有一座被称为"中国第一古刹"的**白马寺**，奇怪的是，它为何以"白马"为名？

相传汉朝时，汉明帝刘庄梦见一位金神，头放白光，身高六丈，飞绕殿庭。次日，明帝向众大臣询问，他们皆认为皇上梦见的是佛祖**释迦牟尼**。于是汉明帝派遣使臣特意前往天竺（古印度）拜求佛法。

使臣一行在天竺大月氏国（今阿富汗一带）遇上高僧摄摩腾和竺法兰，于是力邀他们到中国宣讲佛法，并用白马驮(tuó)载佛经、佛像，跋山涉水，于永平十年（公元67年）来到京城洛阳。

明帝十分高兴，便下令仿天竺式样修建寺院，供奉远方而来的高僧。为记白马驮经之功，遂将寺院取名为"白马寺"。这座中国最早的古刹以"寺"为名，确立了以后的僧院皆泛称为"寺"的传统。白马寺也成了中国佛教公认的**佛教发源地**。

造纸造到自创品牌——
蔡侯纸

蔡伦，桂阳人，东汉和帝时的宦官，曾任**尚方令**（相当于为宫廷制造御用器具的工厂厂长），是精于制造的专家。

当时在民间用大麻、苎(zhù)麻等来造纸的技术流传已久，但工艺粗糙、质量低劣，并非书写的好材料。蔡伦改进造纸技术，利用较便宜的树皮、麻头、破布等为原料，终于在公元105年制造出质优价廉、经久耐用的纸来。

西汉时**东方朔**写了一篇文章，用了三千片竹简，需要两个人搬运才能呈给皇帝看。但如果用蔡伦发明的纸书写，薄薄几页便可以了。

蔡伦造纸有功，被封为**龙亭侯**，他造的纸又被称为"**蔡侯纸**"。

"华佗"其实是外号

华佗是古代一位民间名医，尤甚擅长外科手术和针灸治疗，行医几十年，足迹遍布中原大地，声望极高，被称为"神医"。

关于他的生平资料，史书上都说他"字元化，东汉末年沛国谯(qiáo)县人"。那么他是否姓华，名佗，字元化呢？

据近代学者考证，"华佗"二字的发音与天竺语"药"字相近，由此推测当时大家是因为这个缘故而称他为"华佗"。

所以，"华佗"其实是他的外号。

华佗既然是药，快让我咬一口！

华佗——
麻醉药的开山祖师！

假如没有麻醉剂，患者开刀动手术，定会感受到难以想象的巨大痛楚，可能病未治好已痛得一命呜呼！故此，现代**麻醉剂**的发明，实在是对人类的一大贡献。

但古时还未有麻醉剂，怎么办呢？

据《后汉书》记载，华佗遇到"疾发于内，针药不能及"的患者，便让其先服下**麻沸散**，当病人失去知觉时，开刀破腹，施以手术，然后缝合，涂上药膏。四五天后，伤口愈合。一个月左右，病人便能康复。

华佗是药物麻醉的先驱，其贡献已得到现今国际医药界的认可。可惜麻沸散的配方后来失传了。

华佗
被害的真相!

传说曹操要华佗为他治疗头痛,华佗诊断后说要掀开头盖骨动手术。曹操一听既惊且怒,认为这家伙分明是要谋害自己,于是下令一声"斩"!一代名医就这样送了命!

但上述所记的,是《三国演义》中的民间故事。

史书上记载,华佗一向四处行医救人,不愿待在官府,只为皇帝、重臣治病,故诡称妻子有病,请假回乡。回家后又久久不肯回去,曹操一气之下,便将华佗处死。

后来曹操最疼爱的儿子曹冲病重时,他就后悔自己当初不应杀死华佗。

刘禅真是扶不起的刘阿斗吗?

刘禅是刘备的儿子,三国时代蜀国的后主,被戏称为"扶不起的阿斗",这其实很不公正。

刘禅虽比不上秦皇汉武的雄才大略,但也称得上是个**开明仁慈**的君主。

在**"伴君如伴虎"**的封建王朝里,刘禅与诸葛亮等大臣关系良好,即使诸葛亮大权独揽,刘禅也毫无猜忌之心。诸葛亮急于北伐,刘禅则不断规劝;但决定了北伐后,他还是全力支持诸葛亮。直至诸葛亮去世,他才停止虚耗国力、劳民伤财的北伐战争。

魏国大军杀到,刘禅立即投降,或许也有他的苦衷。作为三国中最弱的一方,刘禅领导蜀国**41年**,没有苛政劣绩,兵临城下时也不愿让老百姓为他生灵涂炭,由是观之,其人也不失为**仁德明主**。

> 朕只不过大智若愚,真是一班扶不起的臣子!

我老大是诸葛亮！

基诺族男子

中国西南有一个少数民族，居住的地方十分偏僻，与外界极少联系，过去他们自称"丢落"，直至20世纪80年代初，才正式改名为"基诺"。

相传基诺族的祖先是诸葛亮的部下。**公元3世纪**时，诸葛亮率领部队南征，有一天大军来到澜沧江边，因天色已晚，便决定就地扎营。

第二天，天色未明，大军便匆匆起行，竟然忘记唤醒睡在森林中的一队人马。

等他们醒来后，发现诸葛亮的大军已渡过澜沧江，不见踪影。从此以后，他们被"丢落"在澜沧江畔。

过去基诺族男子头顶留三撮发，据说左右两撮是怀念父母的，中间那撮是怀念诸葛亮的。他们的衣着为无领对襟小褂，背上缝一块六寸见方的布帕，中间绣上直径两寸的圆形印记，他们称之为**孔明印**，也是用来怀念诸葛亮的。

诸葛亮百宝袋——
木牛流马

诸葛亮发明的木牛流马，在史书中多有记载，《三国志·诸葛亮传》中还提供了详细说明，说木牛流马解决了出川作战**十万大军的粮草搬运**问题，可惜并无任何实物或图形流传下来。

《三国演义》中对木牛流马的描述几乎到了神乎其神的地步，究竟木牛流马是怎样的呢？其实，就是如今仍大量存在于四川地区的**四轮车**与**独轮车**。

所谓的木牛，就是四轮车；所谓的流马，就是独轮车，在四川又叫**鸡公车**。这两种运输工具的尺寸虽然与史书记载的木牛流马不尽相符，但工作原理一样：木牛载重量较大，行进缓慢，适宜于平坦道路运行；流马灵活，专门用于山区。

王羲之家的蓄水池——
墨池

有"书圣"之称的东晋书法家王羲之,七岁就开始学习书法,他勤学苦练,全神贯注时往往达到忘我的境界。

有一次,他正埋头练字,家人把饭送到他的书房,他竟不假思索地用馒头蘸(zhàn)墨吃,还连说:"好香!好香!"弄得满嘴墨黑,他那模样让人看了真是哭笑不得。

王羲之家门外有一方水池,他经常在池边练字,练完了就用池水涮笔洗砚,久而久之,池水都变黑了,所以那池水被称为"墨池"。

王羲之能写出《兰亭序》如此绝佳的行书,正是他锲而不舍、勤修苦练得来的成果。

行商有道的王羲之：
帮老婆婆卖扇！

王羲之被尊为"书圣"，书法艺术达到超群绝伦的高峰，不论达官显贵还是平民百姓，都把他的作品当作**墨宝珍品**。

一天，王羲之遇到一位卖扇子的老婆婆，但见她满脸愁容，打听后得知，原来是天气渐凉，她的扇子卖不出去了。王羲之说："好办，好办，婆婆勿愁。"然后他在每把扇子上都"刷刷刷"地题了字。

老婆婆见扇子被弄脏了，更是担心不好卖。于是王羲之告诉她，只要在叫卖的时候，说这扇子上有王羲之写的字，就会有人来买，还告诉她价钱低就不要卖！

梁武帝——
当和尚的致富之道！

南北朝时期，南朝的梁武帝笃信佛教，在建康（今南京）城里建了五百多所寺庙，更在皇宫旁边建造了一座规模宏大的同泰寺（今南京鸡鸣寺），他早晚都去烧香拜佛。

这还不算，有一天，他干脆到同泰寺"舍身"出家当了和尚。这下不得了了，朝里没有皇帝怎么成？于是群臣去佛寺苦苦哀求他**还俗回宫**。梁武帝回宫后一想，和尚还俗，按照规矩要出一笔钱向寺院"**赎身**"的。大臣们只好从国库中拿出钱给同泰寺，为皇帝赎身。

他觉得自己为寺院做了好事，功德无量。其后又想出新花样，不但自己"舍身"，还将宫里的人和全国的土地都"舍"了。大臣们不得不凑更多的钱，去把这些人和土地赎回来。

梁武帝共出家**四次**，群臣就这样一次次花大钱"赎"他回来。

小剧场 1
怂恿韩信造反的谋士如何获刘邦赦免？

楚汉相争时，汉王刘邦手下的大将韩信战绩彪炳，势力日大。

韩信有一谋士蒯（kuǎi）通，便向他献计……

将军应趁势自立为王，与刘邦、项羽三分天下！

这个嘛……让我好好想一想……

可是，最终韩信没有接纳蒯通的意见。

第三篇

隋唐五代北南宋
元明清后帝王休

为隋炀帝平反！
修建大运河并非单纯享乐

京杭大运河是中国古代伟大的水利工程，它以洛阳为中心，北起北京，南达杭州，贯通了北京、天津两市及河北、山东、江苏、浙江四省，连接了海河、黄河、淮河、长江、钱塘江五大水系，全长约1 794千米，是中国古代南北交通的大动脉，也是世界上最长的人工运河。

其中规模最大的一次修建是**隋炀帝时期**。隋炀帝杨广即位后，为了加强对全国的控制，方便江南的物资运送到北方，当然也可能有好大喜功的心理，便征用数以百万计的民工，建造这条大运河。据说刚完工，隋炀帝就带着**二十万人**的庞大队伍，坐上四层高的大龙船南巡江都。而运河两岸约有八万名民工给他们拉纤(qiàn)，隋炀帝一路上吃喝玩乐，极尽奢侈。

不过，有学者认为以上这些"史料"对隋炀帝的评价不太公道。毕竟他能文能武，又曾推行政治改革及发展科举制度，皆能证明他并非只图享乐之人。

功过参半——
隋炀帝是明主还是昏君？

历代史学家都将隋炀帝评为暴君恶人，说他冷血、残暴、狡诈，简直是十恶不赦！其实，隋炀帝杨广在位期间的施政，也有可取之处，说他"**功过参半**"更为合适。

他开凿大运河，是为了连接刚刚统一的南方和北方，贯通国家经济命脉；他攻打高句丽，是为了消除边境威胁。他四次大赦天下，多次宽免税粮，创立科举制度，重才学而不重门第。

但这样的君主却被唾弃为十恶不赦的暴君，为什么呢？

原来，中国的统治者与部分文人的统治理念是稳定高于一切、省事优于一切，追求的是"清静无为"。偏偏隋炀帝"**多欲好动**"，不以"守成"为满足，在位期间，几乎不断地规划和改革，他的性格和气质与中国之主流文化相悖，于是受到不公正的评价。

武则天的
驯马秘籍

唐太宗的御厩(jiù)里有匹名马，叫做**"狮子骢"**，勇猛迅捷，但性格暴躁，难以驾驭。

有一天，唐太宗带着嫔妃们去观赏狮子骢，这匹青白色的骏马真是人见人爱，但妃嫔们皆知它的脾气臭，只敢远观，不敢近赏，更别说上马驰骋了。

太宗便跟妃嫔们开玩笑道："你们谁能驯服它？"众人皆不敢答话。这时年仅**十四岁**的才人武则天站出来道："陛下，我能！"太宗惊奇地问她有何办法。武则天道："只要给我三样东西：第一件是铁鞭；第二件是铁锤；第三件是匕首。它调皮，用鞭抽；还不服，用锤敲它的头；再捣蛋，用匕首砍断它的脖子！"唐太宗听了哈哈大笑。

当然这并非驯马的好方法，但武则天的**气魄**和**果断**由此可见一斑。

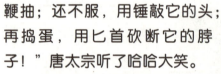

马儿你要乖乖的哦！嘿嘿嘿……你猜你的命是掌握在我的左手，还是我的右手？

吐蕃王娶文成公主，靠的竟然是……

唐太宗李世民当政时，西藏被称为"**吐蕃**"，当时的吐蕃王名叫**松赞干布**，他能文能武，深受吐蕃人民爱戴。

公元640年，松赞干布派了一位非常聪明干练的使者**禄东赞**到长安求亲。

当时，各国前来求亲的使者很多。唐太宗在皇族中选出一位知书达理、聪明貌美的女孩子，封为**文成公主**，很多国家都想得到她。

于是唐太宗出了一道难题：哪位使者可以把一根丝绒穿过一颗有九曲孔道的明珠，就跟哪国和亲。

大家想呀想，想破了脑袋也不得要领。禄东赞灵机一动，想出一个方法：把丝绒系在蚂蚁身上，让蚂蚁钻过明珠的九曲孔道，丝绒也就穿过去了。

结果吐蕃王娶得文成公主，成就了一段历史佳话。

中国历史上第一个自称皇帝的女人

文佳皇帝一出，女权当道，谁与争锋！

提到中国历史上第一个女皇帝，一般人们都认定是武则天。但实际上，第一个自称皇帝的女人却另有其人，她就是**陈硕真**。

在公元653年，即唐高宗李治继位的第四年，在睦州青溪县（今浙江淳安）爆发了一次农民起义，为首的是位女中豪杰，名叫陈硕真。她在青溪仿照唐朝官制建立政权，登基称帝，名为"**文佳皇帝**"。

陈硕真任命亲戚章叔胤为仆射，总管各项事宜。短时间内义军发展到数万人，攻克了睦州许多属县，并进军安徽，攻打歙(shè)州（今安徽歙县），后来又进攻婺(wù)州（今浙江金华），但起义最后失败了，陈硕真与章叔胤被俘处死。

"文佳皇帝"从起兵至失败身亡<u>只有一个多月</u>的时间，她的帝号并不被认可。

武则天无字碑的千古之谜！

树碑立传，自古以来已成惯例。然而唐代女皇武则天却为自己立了一块**不书文字**的"无字碑"，至今还立在乾陵的武则天墓旁。

乾陵是唐高宗李治与女皇武则天的**合葬墓**，墓的东西两侧，各矗(chù)立一块高约七米、重达百吨的巨碑。西侧是"述圣记碑"，歌颂了唐高宗的文治武功；东侧是武则天的无字碑，此碑由整块石头雕成，碑头雕以蟠(pán)龙，碑座正面是一幅狮马图，雕刻极为精细，但上面没有刻任何碑文，颇为离奇古怪。

后世遂产生以下**五种说法**：

一、功高德大无须说；

二、自知罪孽深重不便说；

三、是非功过留与后人说；

四、身份称谓不统一不知如何说；

五、佛教观点：万事皆空不用说。

这"千古之谜"，你认为以上哪种说法才对？又或另有其他原因导致此碑无字？

韩愈曾经祭鳄鱼？

韩愈为"唐宋古文八大家"之首，因得罪皇帝，被贬到潮州当刺史。

他到任不久，便问潮州老百姓有什么民间疾苦，众人说城东恶溪里有鳄鱼，经常伤害人畜。

过了几天，韩愈写了一篇《祭鳄鱼文》，然后把众人集合起来，抬着猪羊，拿着祭文来到河边，他先朗读祭文，文中有"限令鳄鱼七日之内迁到大河去，否则用毒箭射杀之"云云。读毕祭文，人们敲锣打鼓，燃放鞭炮，将猪羊扔进恶溪去喂鳄鱼。事后，鳄鱼竟再也没有上岸伤害人畜了。

那些鳄鱼为何如此听话？到底是什么原因使它们再也不能为害人间呢？

唱戏
唱失天下的皇帝！

公元923年，李存勖(xù)灭了梁朝，即位称帝，改国号为唐，历史上称为后唐，他就是后唐庄宗。

后唐庄宗当上皇帝后，认为自己半生戎(róng)马，该享享福了，于是只顾享乐，荒废了朝政。他尤其**迷恋演戏**，竟到了如痴如醉的程度。

他整天在戏班子里，和伶人形影不离，为自己取了一个艺名叫做"**李天下**"，还粉墨登场，上台演出。

皇帝如此重视唱戏，有些伶人便狐假虎威起来，连官府也怕他们三分。朝政太腐败，结果引起叛乱。即使李存勖御驾亲征，仍遭到指挥使郭从谦的背叛，中流箭后不久即亡。大好江山，竟然因为唱戏唱失了！

潘仁美——
"被奸臣化"的潘美

　　潘仁美是杨家将故事中的人物，其原型就是**北宋的开国功臣**潘美。潘美随宋太祖南征北战，更是与辽国军队作战的宋军主帅，为宋王朝的基业立下了非常显赫的战功。

　　但杨家将故事中的潘仁美却是个大奸臣，为人心胸狭窄，又陷害忠良，最终被宋太宗送上了断头台。

　　潘美成为反派角色，实在是千古奇冤，说他陷害杨家将致使杨令公杨邺战死，也与**史书不符**。他作为主帅，领军北伐，一路勇猛强攻，连取三州，但此时却遇到契(qì)丹重兵。护军王侁(shēn)坚持使用错误战术，使杨邺战死于陈家谷口。为此，潘美被降官三级。潘美戎马一生，却晚年犯错，最后怏怏而死。

　　一代忠臣名将在小说中变成权奸，但《**宋史**》中对潘美的评价则很高。

来看看
中国最早的对联!

对联是中国独创的一种文学形式,它要求对偶工整、平仄协调,字数多少没有规定。

对联是从**桃符**发展而来的。古人每到过节,都会削制两片桃木板挂在门上,用来驱鬼压邪,这就是桃符。

到五代十国时期的后蜀,君主**孟昶**(chǎng)在桃符上亲笔题词:"新年纳余庆,嘉节号长春"。这便是人们公认的中国最早的一副对联,是年为公元964年。但宋代不同史料对此说法不一,也有说这副对联是孟昶的儿子写的。因此,这副对联的作者到底是谁,还是个悬案。

宋代,桃木板已改为红色的纸,但仍叫桃符。直至明代才改称**"对联"**。

范仲淹每一餐都只吃白粥？

你听过"**先天下之忧而忧，后天下之乐而乐**"吗？这句名言是北宋大臣范仲淹说的。

范仲淹是苏州吴县人，幼年丧父，家境贫寒。但他很有志气，自小发奋读书。他一日三餐都吃不上，每天只熬一小锅粥，等粥冷却凝固后，用刀划成两大块，早晚各取一块就着咸菜充饥。

有个大官知道了很感动，派人送些上佳的饭菜给范仲淹，但他不吃，说："谢谢您的好意，不过我吃粥吃惯了，若享受这些美食，以后还怎么能吃苦呢？"

后来范仲淹考中进士，早年的贫困生活令他深深明白民间疾苦，他勤政爱民，是一位"吃苦在前，享乐在后"的好官。

让包公一举扬名的"牛舌案"！

包公原名包拯，合肥人，二十八岁考中进士，开始当官，曾任天长县知县，审过一件**"牛舌案"**。

话说有一个农民前来告状，说家里一头耕牛的舌头被人割掉了。包拯估计是仇家所为，嘱咐农民将那只牛宰了卖肉。当时的法令禁止屠宰耕牛，但既然是知县吩咐的，他只好照办，宰了这头反正也活不长的耕牛去卖肉。

隔天便有人来衙门告状，说农夫某某杀耕牛卖肉赚钱，犯了王法，请大老爷明察云云。包公问："那农夫为何宰牛？"那人吞吞吐吐地回答："牛的舌头……被割掉了……"包公把脸一沉："你为何要割掉那头耕牛的舌头？反倒告人私宰耕牛？"那告状的人一听，惊慌失措，连忙伏地磕头，承认是自己割了牛舌。

这件牛舌案令包公一举扬名，后世亦流传许多包公的故事，不过很多都是虚构的。

苏东坡自学之道：
抄、抄、抄！

某次，有位官员去拜访苏东坡，过了好一阵东坡才出来见客，他向客人道歉，说自己要完成一些功课——**抄《汉书》**，所以让客人久等了。

客人十分惊讶，说："先生读《汉书》可以过目不忘，为何还要抄书做功课？"

苏东坡道："我抄《汉书》已抄了三遍，现在才**了解得比较透彻些**。"

客人要求看看他抄的书，苏东坡派仆人拿来一本，并让客人任意从书中提一句话，然后他就滔滔不绝地接着背诵下去，一字不错，客人对他认真求学的精神十分钦佩。

火箭的起源
原来是中国！

火箭是利用燃料燃烧时气体所产生的反作用力推动物体前进的。

北宋时有人发明了一种**火药箭**，和现代火箭发射的原理完全一致。

这种火药箭的构造是，在箭杆上绑一个厚纸做成的火药筒，点燃导火线后，药筒里的火药燃烧，热气流冲出药筒尾部封口向后喷射，所产生的反作用力推动火药筒向前运动，箭头也就向前飞进了。

北宋靖康元年（公元1126年），尚书右丞**李纲**在指挥宋军保卫汴(biàn)梁时，率先使用了这种极具杀伤力的火箭，令金兵受到极大的打击。

你要小心点呀……千万不要掉下来撞到我们！

《清明上河图》反而处处秋景？

宋代张择端绘的《清明上河图》，是我国古代艺术精品，也是古代风格画的杰出代表。

这幅名画，既名为"清明"，照理应该展现清明时节的景色，但实际上，细观画面，可以看到许多**秋天**的意境。

画卷开始处画有一队小驴驮着木炭而来，明显是在运送冬季备用的货物；画面中有光着上身的儿童，此情景也不可能在清明

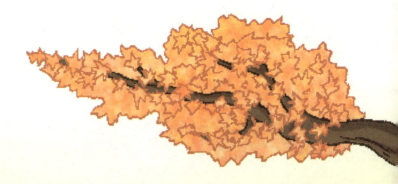

节出现。

　　画中还出现了不少拿着扇子、光着膀子的人物，完全不似春天上坟后回城的模样，倒似秋猎而归；其次，画面上多处出现草帽、竹笠等，但图中没有下雨，因此肯定是用来遮阳的，而清明时节似乎无此必要……

　　图中多处不绘春色而绘秋色，与"清明时节"对不上号。于是有学者认为，这"清明"者，并非时节也，是形容国泰民安，是**"清明"之世**的颂辞。

岳飞
一个打两个!

在公元1140年,金兵再次南侵,由金兀术当统帅。岳飞率领**岳家军**坐镇郾(yǎn)城,准备抗敌。

这次金兀术出动了手中的王牌,就是三千多名"**铁浮图**"和一万多匹"**拐子马**",吹嘘可以直逼长江。浮图是塔的意思,铁浮图即铁塔兵,每个兵士都身材高大,头戴铁盔,身穿两层铁甲;拐子马则是精锐骑兵,三匹相连,擅长两翼包抄。

有援兵来了,我们一定会大胜的!

作战时，岳飞命令一批持**钩镰**的兵士专门对付铁浮图，先用钩子把敌人的铁盔钩下来，然后用弯镰割其脑袋。又出动**刀斧手**，把刀斧绑在长杆上，专砍敌人的马腿。一匹战马受伤，连累三匹一起倒地，刀斧手就趁机冲上去砍杀骑兵。

结果郾城大捷，金兀术损失了好几万人马，伤亡惨重。

油炸鬼
炸的是什么鬼？

　　油条，相传最早是由杭州人制作出来的，那时叫**"油炸桧"**。桧，即秦桧。"油炸桧"就是油炸秦桧！

　　秦桧是南宋投降派的代表人物，受宋高宗赵构宠信，担任丞相，主政近二十年，力主与金人议和，贬逐忠臣良将，最终因陷害**岳飞**而遗臭万年。

　　南宋老百姓痛恨秦桧夫妇在东窗定下毒计，以**"莫须有"**的罪名杀害忠良，因而有杭州小贩将两团面粉捏作人形，一喻秦桧，一喻秦桧妻子王氏，再把它们黏在一起，放进滚油里狂炸泄愤，明示奸人当下油锅，还将其称做"油炸桧"。

　　因为"桧""鬼"二字音近，后人叫着叫着，以讹传讹，最后变成了**"油炸鬼"**。

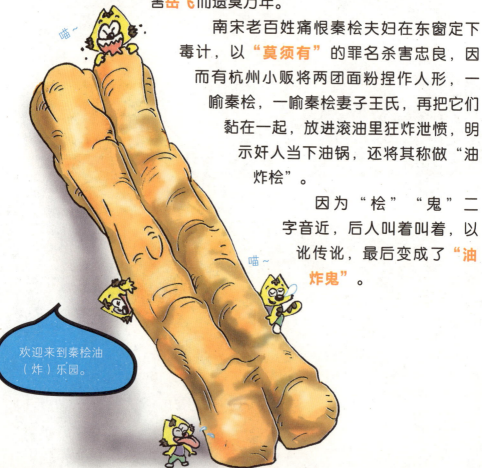

欢迎来到秦桧油（炸）乐园。

蒙古骑兵成为天下第一的 成功之道！

蒙古军在战场上所向披靡，靠的是被誉为天下第一的骑兵。蒙古骑兵不但**刀术、射术精湛**，而且富有想象力，创造出很多新鲜的战斗方法，也因此产生了不少经典战例。

赛约河之战便是其突出的战例之一。当时欧洲人喜欢在教堂的钟声中列出步兵盾阵，同时重装骑兵列队出击。而蒙古骑兵则轻骑前进，遇到匈军重甲骑兵冲击就自行散开，仅用弓箭阻止敌军追击。

匈牙利人为了抵御蒙古兵的强弓劲箭，就想到一个方法：用马车围成一个圈，上悬盾牌，主力待在里面等待决战时再出击。

蒙古骑兵抓住时机使用**大迂回战术**，完成包围后故意留下一个缺口。匈牙利军队以为可由此突围，当他们从缺口一路杀出来时，才发觉那儿是一片泥泞的沼泽地。这对于重甲骑兵来说简直就是灾难。于是，蒙古骑兵逮到了机会，把匈牙利军队当作活靶子来打。

蒙古帝国
版图全公开！

蒙古建国后，成吉思汗不断发动战争。用兵的主要方向是南下与西征。蒙古军队南下的目的，主要是歼灭金国与南宋。西征共有**三次**，第一次席卷中亚后长驱直入欧洲，大败俄罗斯联军，又在印度河流域打败花剌子模残部（今乌兹别克斯坦及土库曼斯坦）；第二次大举攻入俄罗斯，占领了莫斯科等十四个城市，攻陷乌克兰基辅及波兰、匈牙利、斯洛伐克、捷克等，在几乎进入维也纳时才受阻；第三次远征深入至西南亚，攻陷巴格达。

这三次西征征服了广大欧亚地区，以蒙古帝国为中心建立起**四大汗国**，领域包括今日的俄罗斯、乌克兰，西亚两河流域旁的伊朗、阿富汗、叙利亚等，建成了世界历史上前所未有的大帝国。

回族是怎样形成的？

中华民族中有一个成员叫回族。回族是怎样形成的呢？原来与成吉思汗西征有关。

蒙古南下与西征，建立了空前庞大的帝国，在这个帝国里，包括了亚洲、欧洲的许多民族。尽管这个帝国并不高度统一，但内部民族之间的交往，则比以前要频繁和密切得多。

在蒙古西征中，一些信奉**伊斯兰教**的人来到中国，有些人从此定居下来。他们与汉族及其他民族同居共处，不断融合，逐渐在中国形成了一个新的民族——回族。

回族聚居地宁夏，现在已经被划为**宁夏**回族自治区。

马可·波罗真的来过中国吗？

马可·波罗，意大利威尼斯人，是史上记载访问中国的第一位西方人，以其《马可·波罗游记》成为中国历史上家喻户晓的人物。

但这本书问世后，其真实性却受到人们的怀疑，有人说马可·波罗根本没有到过中国，他的游记只是道听途说或抄袭一些阿拉伯人著作而来的。因为书中记载有太多不应该出现的遗漏。

很多中国的文化和特色，例如，万里长城、茶叶、妇女缠足、鸬(lú)鹚(sī)捕鱼、印刷术、中国文字等都未有提到，记载成吉思汗事迹及其子孙世系关系时也存在多处错误。

不过，不能单单因为书中有缺漏或错误就断然否定马可·波罗来过中国。在没有确实证据前，他的中国之行应被视为是可信的。

中国历史上第一个外籍太监！

朴不花，高丽人，又名王不花。元朝文宗时入宫做太监，是中国历史上第一位外籍太监。同是来自高丽的小宫女**奇洛**，是他的好朋友。

奇洛天生美人胚子，长大后被元顺帝看中，一登龙门，成为皇后。由于受到皇后照顾，朴不花很快迁升为**荣禄大夫**，并加资正院使，执掌全国财务、税收。

元顺帝耽于声色，不理政务，朴不花乘机依附太子，联同宰相二人揽权纳贿，打击异己。

因皇帝与太子两派之间的争权炽热化，皇帝一方的大将孛(bó)罗帖木儿领兵进京**"清君侧"**（除掉皇帝身边的奸臣），捉拿朴不花，并把他处死。朴氏死后三年，元朝也灭亡了。

中国旧式大炮
名称"崇洋媚外"？

明清两代中国制造的大炮中，最著名的是佛朗机炮和红夷大炮（又名红衣大炮）。

中国的火炮别名火铳(chòng)。原始的火铳要在竹筒内填上火药弹丸，装上引火线。南宋的竹制火炮"霹雳炮"，被称为"**无敌竹将军**"，在宋朝抗金战争中曾发挥重要作用。

元代出现了金属火炮，威力大，射程远；明代开始制作铁火炮，其中最有名的是 佛朗机炮 和 红夷大炮。佛朗机炮从葡萄牙传入，因为葡萄牙当时被译为"佛朗机"，所以称此炮为佛朗机炮；而红夷大炮则是从荷兰传入，荷兰人在中国被称为红夷，因此称此炮为红夷大炮。两种炮差不多同时传入，明政府就大量仿制，洋为中用，成为中国火炮。

直至19世纪中叶以后，这些旧式火炮逐渐被西方新式大炮取代。

第三篇 隋唐五代北南宋 元明清后帝王休

古代也有特工？

本大少就是锦衣卫零零七，怎么样？怕了吧。嘿嘿嘿！

中国历朝历代，特工机构最多的要数明朝了。

明朝时期的特工机构叫做"**厂卫**"，是皇帝的耳目和爪牙。厂，指东厂、西厂、大内行厂（即内厂）；卫，指锦衣卫。合称厂卫。

厂的头目多由**司礼监太监**充任，锦衣卫长官为**指挥使**，都是皇帝的亲信心腹。

锦衣卫下领十七个所和南北镇抚司，职能是侦查一切官员；东、西两厂负责侦查官民和锦衣卫，内厂则监视官民与厂卫。厂的权力大过卫，厂尤以内厂权力最大。而皇帝则直接领导和监督众厂卫。

厂卫特工遍天下，江山就可以巩固了吧？事实正相反。有后人评价道：明非亡于流寇，乃亡于厂卫！只以严刑高压之术作为统治，而不好好疏导民情、民怨，最终只会失江山，这是历史的教训！

大写数字的技能——
杜绝贪污！

现在，大家都知道汉语的数字有小写和大写两种。但在明朝以前，只有小写一种。

话说，在明太祖时发生了一件震动全国的**"郭恒案"**。郭恒原是户部尚书，因有贪污嫌疑而被降为户部侍郎，但他仍贪念不改，与其他官员勾结，上下其手，其贪污总数达二千四百多万石(dàn)食粮，相当于全国秋粮的总数。

这件案子令明太祖大为震惊，因此发狠杀了大批贪官污吏。他还注意到许多贪官是通过**涂改账目**来进行贪污的，于是下令把记载钱粮数目的"一二三四五六七八九十百千"，改为"壹贰叁肆伍陆柒捌玖拾陌阡"，防止奸吏涂改而从中贪污。后来人们把"陌阡"写作**"佰仟"**，这就是沿用至今的大写数字的由来。

开餐啰!
美味的"三汤五割"!

明代的大户人家,对饮食非常讲究,尤其酒宴,大菜非"三汤五割"不可。正所谓**汤陈三献,割凡五道**。不同羹汤要献三款;割指大块肉,因为吃的时候要用刀割,而五割则指有五道不同的大块肉。

例如,明朝的一部小说对大户人家的饮食有这样的描写,上桌的"割",头一道是水晶鹅,第二道是炖烤蹄儿,第三道是整只烧鹅……"三汤五割"的头一道大菜必定是**鹅**,甚至有两道鹅的大菜,因为鹅在当时是贵重食品。

清代盛行的**燕窝宴**仍残留此风,有"三汤四割""三汤五割"上席。现今重要宴席仍有全鸡全鸭、烤乳猪,必须用刀助餐,不过已无几汤几割的说法了。

郑和七次下西洋的真正目的！

15世纪初，中国进入航海史上前所未有的辉煌时期，郑和乘坐世界上最大的**"宝船"**，浩浩荡荡地向西洋海域进发。

郑和本非姓郑，他本姓"马"，小名三宝。马三宝幼时被军队俘虏，净身后入宫当太监，之后被派到燕王朱棣的府邸，因聪明乖巧受到赏识。

燕王发动政变，推翻建文帝取得政权后，郑和因随燕王"靖难"有功被赐姓郑，官居正四品"内官监太监"，最后更封他为**"三宝太监"**。

朱棣虽然坐上皇帝宝座，登基为明成祖，但因仓皇辞庙下台而去的建文帝下落不明，于是派郑和出海搜索，顺便宣谕明成祖称帝这一重大政治事件，以及建立海外政治、贸易等关系。但郑和七次下西洋也没找到建文帝。他死后，大明又关上帝国的大门，不再对外开放。

明世宗
也兼职！

如果朕跳进去，是否也会炼成火眼金睛？可是……朕怕热……

明朝的**嘉靖皇帝**（明世宗），也是大明帝国的道教领袖，自封为"太上大罗天仙紫极长生圣智昭灵统三元证应玉虚总掌五雷大真人玄都境万寿帝君"，封号又长又拗口，百姓则简称他为"紫极仙翁"。

明世宗十五岁做皇帝，一生沉迷于各种道术，登位未几便把当年的**"张天师"**请入宫中，封为"正一嗣教真人"，又对龙虎山清宫道士邵元节礼遇有加。世宗多年无子，嘉靖十五年，邵元节为皇上打醮(jiào)求子，后宫果然连生了几个皇子，邵氏因此被封为礼部尚书，官至一品。

明世宗身边的许多大臣都成为道教仪式的辅助人员，俨然**政教合一**。嘉靖二十年开始，世宗不进后宫，不理朝政，日夜静修，服用丹药，只求成仙。最终因服食有毒丹药过多、时间过长，终于一命呜呼，早登极乐了。

越战越强！
新兵器"狼筅"！

戚继光是登州人，出身于军人世家，十七岁便当上登州指挥佥(qiān)事，二十五岁升为都指挥佥事，负责整个山东沿海的防卫。后因浙江地区倭寇（日本海盗）为害，戚继光升职为参将，调去浙江对付倭寇。

当时，倭寇用的武士刀长而锋利，对阵时常将明军用的枪杆子砍断，于是戚继光发明了一种新的兵器，叫做"狼筅"。

这个发明好！烧烤时可以多吃一点了！

狼筅又叫"狼牙筅"，是用韧性很强的毛竹做枪杆，长一丈（约3.33米）有余，顶端抡上一尺（约33.3厘米）长的尖刀，可以直刺横扫，在靠近尖刀的竹节处保留其横枝丫叉，使其成为武器的一部分，用起来威力很大，且又不易被倭寇的利刀砍断。

这种古怪的兵器使倭寇一筹莫展，大大吃亏，后来他们一看到戚家军这种兵器阵势，立刻吓得落荒而逃。

闯王李自成逃过大难，削发为僧？

明末，闯王李自成曾打进北京城，做了一天皇帝。第二天清兵入关，李自成就匆匆西撤，逃至湖北通山县**九宫山**，兵败身亡。

但是，李自成是否死于九宫山实有可疑。首先是"尸朽莫辨"，其次是朝廷档案对他的死如此大事竟只字不提。所以不少史学家认为，李自成在九宫山是制造已死假象，迷惑追击的敌兵，借此脱身而去。

那么他去了哪里？一个流传最广的说法是他独自来到湖南安福县的**夹山寺**，削发为僧，成为夹山灵泉寺里的**"奉天大和尚"**，法号为"奉天玉"。李自成曾自称"奉天倡义大元神"，"奉天玉"隐含"奉天王"之义。

后世流传奉天玉和尚操陕西口音，曾作梅花诗百首。

你把我画得那么丑，当然抓不到老衲，阿弥陀佛……

"留发不留头",你选留发还是留头?

　　古人们皆留发不修剪,因为儒家古训有云:"**身体发肤,受之父母,不敢毁伤。**"头发长了,就束起来,或结一髻于顶。

　　清军入关,下了一个"剃发令",让所有汉人剃掉额上至顶的头发,只留脑后的一束扎辫。若有不从者,杀之!于是就有了"留发不留头,留头不留发"的说法。但令人慨叹的是,引起这个"剃发令"的,竟是一个**明朝降臣**!

　　话说清军入主中原,朝中满、汉官员分班而站,满员自然是剃发留辫,穿满服;汉员则仍是明朝体制,束发冠带而朝。

　　本可以相安无事,却有一汉员名**孙之獬**者,上折奏曰:"陛下平定中原,万事鼎新。而衣冠束发之制,独存汉旧。"就是因为这道奏折,清世祖顺治便下了这个"剃发令"。

一剃剃到尾,二剃白发齐眉……

乾陵石像
无头之谜！

乾陵，位于陕西省西安市西北八十千米、乾县西北的梁山上，是**唐高宗李治**与**女皇帝武则天**的合葬墓。

墓前东西两侧，有两组石人群像，共六十一尊。这些与真人一样大小的石人，有袍服束腰的，有翻领紧袖的，都是双足并立，两手前拱，整齐恭敬地排列于陵前。奇怪的是，他们的头都不知去向。

这些石像背后都刻有姓氏、职衔、族别、属国国名等文字，以表明他们是来自不同民族、不同地区的**"藩臣"**。

为什么他们的头都不见了呢？传说在明朝末年，乾陵曾闹瘟疫，当地人认为是"番邦"石人作祟，于是群起将所有石人的头都砸掉了。

难道，无头骑士之术！

来猜一道IQ题——"八大山人"

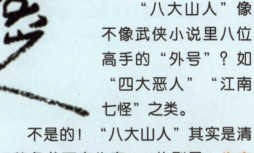

"八大山人"像不像武侠小说里八位高手的"外号"？如"四大恶人""江南七怪"之类。

不是的！"八大山人"其实是清初著名书画家朱耷(dā)的别号。**朱耷**（1626—1705年）是朱元璋十七子宁献王朱权的九世孙。十九岁时惨遭国破家亡之痛，遂装哑不语，及后更落发为僧。

朱耷的书画别具一格，书法特点是险、绝、怪。他常用秃笔写字，笔画浑圆朴实，别具一格。至于他的画则变形取神、布局疏朗，常有**讽喻**之意。康熙二十三年（公元1684年），他为自己改了一个别号——"八大山人"。

"八大山人"这个名字具很深的寓意，听上去似是隐居世外的高人，但细观其在画上的题款，那直写的"八大山人"四字草书，原来是**"哭之""笑之"**的字样，含强烈的讽刺意味，与嬉笑怒骂的画作成了绝配。

吴三桂的 称帝之路！

　　吴三桂引清兵入关，为清朝立了大功，封为平西王、平西大将军，管辖云南、贵州，手握重兵，成为**土皇帝**。岂料时移势易，风光不再，康熙下诏撤藩，要撤了他的兵权和爵位，吴三桂遂决定起兵造反。

　　公元1673年，吴三桂起兵云南，很顺利地打到湖南，几个月工夫就占领了南方各省。康熙派八旗军全力讨伐，形势迅速逆转，吴三桂自知不能支持下去，但还想风光一下，于康熙十七年（公元1678年）在**衡阳**登基称帝，国号**大周**，成了大清的国中之国、皇外之皇。

　　但是在登基典礼那天，天色突变，狂风暴雨，吴三桂因此受了风寒，一病不起，死时67岁，仅当了**五个月**"皇帝"。

高科技武器——
血滴子！

　　血滴子是中国古代一种"高科技"兵器，外形呈圆帽形，帽的外缘环着一圈刀齿，帽内藏有锋利无比的弧形刀刃，当其开关启动，弧形刀刃即可自动收缩。

　　血滴子的顶端连接六丈长的铁链，若抛出套入人头，刀刃收缩时便立即剪断脖子，是一种非常可怕的**兵器**。在投掷此兵器时更会发出恐怖的"嗖嗖"声，令人闻风丧胆。更甚者，武器带有毒药，一滴即可致命。

　　据说，这种投掷兵器最初是清朝雍正年间茅山泉青道人的发明，目的是**降魔伏妖**，后来变了质，为雍正的暗杀队所使用，故其队员也被称为**"血滴子"**。

　　不过，血滴子至今只见记载传说，未见实物。

第三篇　隋唐五代北南宋 元明清后帝王休

遗诏里的风波——
雍正改康熙遗诏？

清康熙（1662—1722年）子嗣众多，雍正是他的第四子，算不上得宠，却得到皇位，于是绘影绘声的传闻就出来了——雍正篡改康熙的**遗诏**，把本来是"传位十四子"的字句改成了"传位于四子"。

乍看之下，似乎有点道理，但其实这经不起逻辑辩证，因为当时常用的"于"是繁体字"於"，所以"十"字改成"于"是不可能的。再说根据清朝的行文习惯，应该称"皇十四子"或"皇四子"，前头有个"皇"字，若改成"传位于皇四子"根本说不通。

传说的篡改遗诏，将"十"字改为"于"字。

还有，一个更重要的原因是，传位诏书是用满汉两种文字写的，改了汉文也改不了满文。

所以，雍正更改遗诏一说实在是杜撰出来的。康熙要传位给雍正，主要是雍正的儿子乾隆（弘历）深得祖父宠爱，为了让皇孙乾隆他日能**"隔代"登位**，便先传位于雍正，就是这么简单！

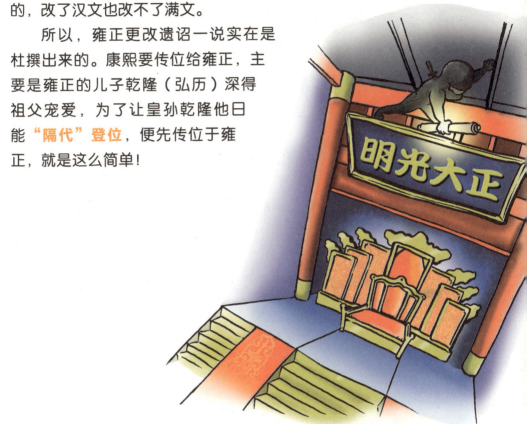

清双妃
有单独园寝?

清皇陵东陵内,有一座双妃园寝,东西并列两墓,东面为贵妃佟(tóng)佳氏,西面为和妃瓜尔佳氏,园内明楼、石碑、享殿、宫门一应俱全。宫殿前刻有丹凤朝阳的陛阶石,规格之高实属罕见。

为妃子单独建园寝,这在明清两代是绝无仅有的事。原来双妃是康熙帝的两位妃子,康熙十分宠爱年幼的皇孙弘历——也就是后来的乾隆皇帝——特意将弘历带进宫中读书,并派佟佳氏和瓜尔佳氏照顾他。她俩也无微不至,悉心照料,弘历视二妃如母,感情十分深厚。

弘历继位后,尊封佟佳氏为皇祖寿祺皇贵太妃、瓜尔佳氏为温惠皇贵太妃,下令两妃千秋之后,另建园寝,"以昭朕敬礼之意"。

孔府大门对联有错字！

孔府位于曲阜城的中心，是孔子后世嫡(dí)系长孙居住的府第。

孔府大门的两旁悬挂着一副蓝底金字的对联，这副对联是清代著名大才子、《四库全书》的总编**纪晓岚**所书。

但仔细一看，对联中的"富"字少了上面一点；文章的"章"字，下面"早"字的一竖一直通到上面的"立"字。

难道纪晓岚也会犯这样的错误？非也！原来是内藏玄机。"富"少了一点，叫做**"富贵无顶"**；"早"字竖穿顶，叫做**"文章通天"**。

与国咸休安富尊荣公府第

阁天并老文章道德圣人家

糟了，写错两个字了，快想想怎么补救！

千古冤案——文字狱！

文字狱，是统治者为防止和镇压知识分子的反抗，故意从作品中寻章摘句，然后罗织罪名而构成的冤狱。清朝时期，政府曾大搞文字狱。

雍正时，朝臣查嗣庭任江西主考，以古人句"维民所止"出题，被打小报告，说"维止"二字是"去雍正二字之首"，意为砍掉雍正皇帝老儿的头！这还得了，雍正大怒，将查嗣庭打入天牢，结果查嗣庭被吓死了，其尸被戮(lù)，亲属也被处斩或流放。

翰林徐骏的诗篇中，有"清风不识字，何故乱翻书"之句，被挑剔说"清风"指清朝，犯了诽谤朝廷罪，也被杀头治罪。

乾隆时另一位翰林学士胡中藻有一句诗"一把心肠论浊清"，乾隆帝看到后大发雷霆："加'浊'于国号'清'之上，是何肺腑？"可怜胡中藻因一"浊"字丢了性命。

和珅
作为贪官之最的实力！

和珅(shēn)是贪官的代名词，他的贪赃枉法是大清朝廷中**公开的秘密**，所有大臣都知道此事。贪财的，就与他同流合污；清廉的，也奈何他不得，只因为他是乾隆的宠臣，背后有个超级大靠山。

他官至内务大臣加衔领侍卫内大臣、军机大臣、御前大臣兼理藩院尚书，是皇帝一人之下、万人之上的最高权力者。乾隆皇帝晚年身为太上皇，仍不忘下旨，将和珅改任刑部管部大臣兼户部管部大臣，晋升为**公爵**。连嘉庆帝也奈何不了和珅。

等到乾隆去世，和珅没了靠山，嘉庆帝立即拿他开刀，赐他白绫自尽。抄家时，他所聚敛的财富，总值十亿两白银！这一巨款数目，超过了清政府十五年财政收入的总和。所以民间谚语说："和珅跌倒，嘉庆吃饱。"

看朕的一字马攻击！

元宝波波池我来了！

第三篇　隋唐五代北南宋 元明清后帝王休　083

中国最后一个皇帝是谁？

史书上都说清朝的宣统皇帝溥(pǔ)仪是中国的最后一位皇帝，其实在溥仪之后，还有一位自称皇帝的袁世凯。

1913年10月袁世凯出任第一任中华民国大总统后，很快便解散国会，废止民国约法，推出新法使自己成为终身总统，大总统的实权已形同皇帝。

想不到袁世凯真的做起皇帝梦，1915年12月，他宣布改国号为"中华帝国"，年号为"洪宪"，把总统府改名为新华宫，史称**"洪宪帝制"**。

有志之士蔡锷在云南组织护国军讨袁，各省也纷纷宣布独立，因此袁世凯不得不在1916年3月宣布取消帝制、帝号，只做了**83天**的皇帝。直到帝制、帝号取消，袁世凯都未正式登基，年号"洪宪"也只是在内部流传。

孙中山
老是改名

孙中山先生领导辛亥革命，推翻了清皇朝，结束了中国几千年来的封建帝制统治，建立了共和制国家。

有人说，孙中山先生好像有很多名字，这儿不妨介绍一下。孙中山本名孙文，字载之，号日新，广东香山县人。在香山县，"日新"的发音是**"逸仙"**，后来他就把自己的号改成了"逸仙"。他又曾经化名为**"中山樵"**，所以人们又称他为孙中山。在1925年，孙中山逝世后，他的故乡香山县改名为中山县，以示纪念。

现在颁发的是——
最威风黄马褂大奖！

在清代，本来除了皇帝外，只有近身侍卫才有"黄马褂"，但有时皇帝也拿来赏赐有**特殊功勋**的人，比方说李鸿章。

说起李鸿章那件黄马褂，可是整个清朝最出风头、最名闻遐迩的黄马褂！1895年，清朝派员到日本为**"甲午战败"**进行谈判，但日方不予接纳，慈禧无奈之下，唯有派李鸿章赴日，并发还早前褫夺了的黄马褂（为惩戒他对日抗战不力），于是李鸿章在日本马关和伊藤博文进行谈判。

某次，当李鸿章返回驿馆时，突遭日本浪人小山丰太郎行刺，血染黄马褂。李鸿章在昏迷前不忘叮嘱随行人员，将换下来的黄马褂保存好，不要洗去血迹。嘱咐后他长叹一声："此血可以报国矣！"

一年后，他访问美国，欧美记者都对他的黄马褂甚有兴趣，其后**"Yellow Jacket"**的事迹被多次刊登在美国的报纸上。

刀枪不入的传说——
义和拳！

鸦片战争后，外国列强大肆侵略中国，民间仇外情绪爆发，于是自发组织起来，成立了"义和拳"与洋人斗争。

不过义和拳带有迷信成分，他们在各处设神坛和供奉"神灵"牌位，牌位上有玉皇大帝、观音菩萨、托塔天王，以至张飞、关羽和刘备等历史人物，认为可以借助这些神灵附体来对付洋人。

义和拳的首领，也许真的有些"硬气功"之类的功夫，表演一下"刀枪不入"是可以的，但遇上洋枪，此枪不同彼枪（中国兵器的枪），那就不行了，注定要饮弹身亡。

但据说真有目击洋枪打不入身体的例子，那可能是"魔术表演"，用来愚人的手段而已。

清政府病急乱投医，招揽义和拳来制夷，改名**"义和团"**。结果，血肉之躯当然挡不了洋枪洋炮！义和团运动以失败告终。

小剧场 2
事发总要在东窗?

南宋时,岳飞正把金兵打得节节败退,但朝廷却以十二道金牌召他回来。原来秦桧和皇帝密谋议和,最后更是把岳飞杀掉了。

秦桧和妻子在自己家中的东窗下秘密商议,最后想出以"莫须有"的罪名害死岳飞。

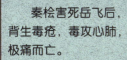

第四篇

中国神秘事件簿

观音
是男还是女？

让我来表演一下中国民间国粹——变脸！

观世音菩萨，全称"**大慈大悲救苦救难观世音菩萨**"。据说在唐代，因为要避唐太宗李世民的讳，又简称"观音菩萨"，沿用至今。

观音菩萨大约在魏晋时代传入中国，初时以**男菩萨**的形象高坐佛堂，唇上还有两撇小胡须。但在中国民间传说里，观音菩萨是一位庄王的三公主——妙善公主的化身，于是南北朝以后，观音渐渐变成端坐莲台、庄严秀美的**女菩萨**了。

其实不必执着观音是男或是女，佛经说观音可以显现成各种普度众生的化身，亦可随意变成男身、女身，甚至有三十二种化身。所谓"**即男即女**"，随缘示现，而在中国，菩萨以女身显现，似乎是大多数人的共识。

揭开中国的 UFO历史！

不明飞行物（UFO）是现代世界的一个谜。

其实，UFO并不是今天的新事物，古代已经有记载。那么中国古代有没有出现过UFO呢？答案是：也有记载。

最早记载UFO的是《晋阳秋》这本古书，写道："有星赤而芒角，自东北西南流，投于亮（诸葛亮）营。三投再还，往大还小。俄而亮卒。"

公元234年，一个秋夜里，五丈原的天空出现一颗带着红光、能来去自如的"怪星"。它三来三往，从东北向西南，接着便消失了。如果说是星，不可能"三投再还"，不可能"往大还小"，说是UFO也并非不可信。

宋代著名科学家沈括的《梦溪笔谈》，以及诗人苏东坡的诗作，都有关于不明飞行物体的记载。到了清代，有关记载更多，也更详细。

中国有本土的宗教

西方国家有天主教、基督教和东正教，亚洲流行佛教，中东阿拉伯一带有伊斯兰教……中国人信佛的虽然不少，但佛教产生于印度，那么中国本土的宗教是什么呢？答案是**道教**。

道教的"道"，可以理解为修炼成仙的道路和方法。世人都希望长生不老，活得像神仙一样快乐。

东汉末年有个叫**张陵**的太学生，就常思考怎样能使人们活得更长久、更快活。

儒家学说并没有解答这个问题。于是他到四川鹤鸣山修道，以老子的《道德经》为经典，把老子提出的"道"作为根本信仰，拜老子为教主，更结合中国古代的求仙方法等，创建了**"五斗米教"**。与以往的派别不同，它使道教开始以"教"的形式出现，奠定了中国几千年的道教历史。

为何叫"五斗米教"？因为凡是入教的人都要交五斗米，作为对教会的捐献。后人尊张陵为"张天师"，奉他为道教创建人。

龙究竟是神兽，还是合成生物？

龙，是中华民族自上古以来一直崇拜的神异动物。

那么，龙究竟是一种什么样的动物呢？它确有其物，还是人们想象出来的呢？

传说中，龙的头似驼、角似鹿、眼似兔、耳似牛、项似蛇、腹似蜃(shèn，指大蛤蜊)、鳞似鲤、爪似鹰、掌似虎，另外口旁有须髯(rán)。自然界中没有其他同样的动物，它是集多种动物的**灵性与特征**于一身的特殊动物。

其实，在原始社会氏族的**图腾**中，龙最早期的原形是鱼或者蛇。到夏墟遗址发掘出的龙已是蛇身鱼形，呈蛇状长鱼的形态。亦有学者考证，所谓龙，其实是一种巨型鳄或是蛟鳄。到了汉代，龙已与我们今日所见的"龙"的形象大致相符了。

乐山大佛身高之谜！

乐山大佛是世界上**最大的石刻佛像**。大到什么程度呢？山是一座佛，佛是一座山。不亲临其境，难以想象它有多高大。

乐山大佛头至山顶，脚踏江面，肩宽28米，眼睛长3.3米，巨鼻长5.6米，一根中指长达8.3米。在它7米长的耳朵里可以并列站两个人，在它14.7米高、10米宽的头顶上可以放一张大圆桌。

虽然大佛身体各个部位尺寸比较精确，但关于它的高度，至今未有定论，古代文献指乐山大佛高度为"三百六十尺"，约为110米，但据近代测量，有的说62.1米，有的说71米，甚至有的说58.7米。因为有的是从底莲花座（两层）算起，有的从足底算起，而被大众广泛接受的则是**71米**。

待本喵来量量你的高度吧！

"八仙"
是人是鬼，是神是佛？

"八仙过海，各显神通"，这句歇后语在中国几乎家喻户晓。八仙，正是中国道教所流传的"凡人得道"的八位仙人。

而这八位仙人，由唐宋时代起一直有不同的人物组合。现在公认的铁拐李、钟离权（又称汉钟离）、蓝采和、张果老、何仙姑、吕洞宾、韩湘子、曹国舅，则是到明代中叶才确定下来的。

八仙并非凭空杜撰出来的，而是有历史人物为依据的。其中吕洞宾、张果老在正史中都有记载：《全唐诗》中收有吕洞宾的诗；武则天、唐玄宗时曾请张果老出入宫廷。

何仙姑是武则天时代的人，生于广东增城，是何泰之女；曹国舅则是宋丞相曹彬之子、曹太后的弟弟；钟离权是唐代咸阳人，《全唐诗》收其诗一首；蓝采和原名许坚，庐江人，《全唐诗》也收有他的诗；韩湘子则是文学大师韩愈的侄孙，进士出身，官至大理丞。但对于他们得道成仙的故事，我们还是当作神话传说来看好了。

萌萌的喵星人，竟然不在十二生肖之中！

传说，轩辕黄帝要选十二只动物做**宫廷侍卫**，动物们纷纷报名，猫托老鼠代为报名，但老鼠忘了，所以十二生肖中没有猫，猫很生气，从此成了老鼠的天敌。

当然，这只是传说。根据前人的解释，十二生肖起源于古人对原始动物的**崇拜**。

古人崇拜的动物分为三类：其一是人们生活所

依赖的动物，如猪、牛、马、羊、鸡、兔等；其二是对人类构成伤害或威胁的动物，如虎、蛇、鼠；其三是某些具有超能力，让人们羡慕的动物，如嗅觉灵敏的狗、动作灵活的猴子，而龙，则是崇拜心理的集中体现。

其实，猫的落选也有其理由，老虎属"猫科"动物，总不成十二生肖中有两个是同一类型的吧！

小剧场 3
敢于不遵圣旨的赵充国

第五篇

绝密档案：皇室秘闻

汉代帝王的殓服——
金缕玉衣！

金缕玉衣是汉代帝王才能穿的**殓服**，是一种用金丝串联玉片而成的丧殓衣物。

金缕玉衣的制作非常精致，必须按照人体各个部位的特征来设计每一片玉片的大小和形状。玉工将两千多块玉片逐个编号，再一片片用金丝连缀，才能制成符合死者体形的美观玉衣。

例如，已出土的西汉中山靖王**刘胜**（汉武帝庶兄）的金缕玉衣，从脸盖至鞋，通长188厘米，约用2 498片玉片，以金丝扎结而成，金丝重1 100克左右，玉片为鲍纹石玉，以绿石为主。

帝王们认为，玉不仅具防腐功能，还有着一种神秘的能量，令死者灵魂得以安息。直至三国时代，**曹操**下令废除了玉衣随葬制度。所以，只有汉代才有金缕玉衣，可谓空前绝后了！

为何只有东宫和西宫娘娘，没有南宫和北宫娘娘？

中国历代帝殿大多坐北向南，所以皇帝有"**南面为王**"之谓。事实上，建筑物采用这个方向定位，非常符合中国的气候，有**冬暖夏凉**之效。

既然**"帝居中央"**，其左右两侧就分别是东和西，故此只有东宫和西宫。

某些朝代，东宫为太子居处，西宫为后妃居所。而有些朝代，后妃居处设中宫，又叫正宫，由皇后居之，其左为东宫，其右为西宫，故有东宫和西宫娘娘，从来没有南宫或北宫娘娘。而在汉代，东宫为太后所居，即长乐宫。

齐来解构
黄马褂！

我这身"黄马褂"猫毛，才是独一无二的呢！

马褂是清代男子穿在大袍外的短衣，衣长及腰，袖也较短，方便骑马射箭，所以称之为马褂。起初，马褂是清朝官员与八旗官兵的制服之一，到了康熙、雍正年代，穿的人愈来愈多，就成为大家都可穿着的一种**便服**。

但黄色的马褂是不能随便乱穿的。黄色是**皇帝专用**之色，只有皇帝的近身侍卫，或是获得皇帝特别赏赐的人才可穿着黄马褂。拥有黄马褂，即代表皇帝的**亲信**。

除了只有皇帝才能穿的龙袍，最上等的衣服非**"黄马褂"**莫属了。

近代俗语指公司内的"皇亲国戚"为"黄马褂"，出处便源于此。

"三武灭佛"——在佛祖头上动土?

中国历史上曾有三个谥号带有"武"字的皇帝,他们都严禁佛教在国内发展。

一是南北朝时的**北魏太武帝**,他信奉道教,下令禁佛,甚至诛杀长安僧侣,境内寺院也几乎全毁。二是**北周武帝**,他独尊儒家,下诏禁佛,把佛像尽毁,寺观财物充公,还命令僧尼还俗。三是**唐代唐武宗**,他特别喜好道术,下令没收寺院土地财产,毁坏佛寺、佛像,同样要所有僧尼还俗,佛教因此在中国极受打击。

这就是史上著名的"三武灭佛"事件。

阿弥陀佛!我乃金刚不坏之身,你们别白费力气了……

第五篇 绝密档案:皇室秘闻

"紫禁城"成名之路！

北京故宫博物院以前名叫**紫禁城**，为明清两朝的统治中心，里面曾居住过**二十四位**皇帝。

那么，紫禁城的名称是从何而来的呢？

按《**易经**》所记述，天上的东方为青龙，西方为白虎，南方为朱雀，北方为玄武，中央为紫微垣。天皇大帝居于紫微垣的紫微宫中。

于是"**天子**"皇帝所居之处，自汉朝开始已从紫微宫而得名为"紫宫"。又由于皇宫是百姓不得自由出入的"禁地"，似城中之城，故又叫"禁城"。到了唐代，皇家建筑开始将"紫宫"的"紫"与"禁城"连用，"紫禁城"因而得名。

第六篇

问答大赛

站在潮流的尖端——
古人也文身？

中国古人的文身起源很早，古代少数民族（包括东夷、吴越、闽越、西南夷等）及汉人统治的中原、关中等地，都有文身的风俗习惯。

古人为何要文身呢？因为"**断发文身**"是成人礼的标志，男孩子长大后文身，女人们见到了便称为英雄，否则必被讥为不够勇敢，不像男人。可见文身和男人的成人礼有关。大多为**龙蛇图案**，则应该是受**图腾崇拜**的心理影响。

时移势易，现代人将文身作为美丽的随身装饰，则是后话了。

汉族有民族服装吗?

"有服章之美谓之华，有礼仪之大故称夏"。

今天的中国，大多数**汉族人**都没有穿过自己的民族服装，穿民族服装的大多是**少数民族**。

其实，自上古开始，汉族已有自成一系的服饰，并在历史的长河中记录着演化过程。直至1644年清军入关，汉族人被迫留起发辫，穿起马褂、长衫和旗袍，从此改变了那种**峨冠博带、宽袍大袖**之类的传统服饰。

小剧场 4
寇准没有赌博为何却输了?

宋真宗听从寇准之言，御驾亲征，果然大破契丹军。

宋真宗赏赐寇准平乱有功，却惹来奸臣王钦若的妒忌……

可恶！我要设计对付那个可恶的寇准！

终于机会来了。这天王钦若陪真宗赌博……

微臣把所有注码押在这一局上！

你为何如此冒险？

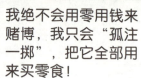

小剧场 5
背道而驰的笨蛋竟然救了赵国

版权专有　侵权必究

图书在版编目（CIP）数据

趣味学中国历史 / 方舒眉著；马星原绘. —北京：北京理工大学出版社，2020.2

ISBN 978-7-5682-7339-8

Ⅰ.①趣… Ⅱ.①方… ②马… Ⅲ.①中国历史—儿童读物 Ⅳ.①K209

中国版本图书馆CIP数据核字（2019）第158798号

本书中文繁体字版本由中华书局（香港）有限公司在香港出版，今授权北京读品文化有限公司在中国大陆地区与北京理工大学出版社有限责任公司联合出版其中文简体字平装本版本。该出版权受法律保护，未经书面同意，任何机构与个人不得以任何形式进行复制、转载。

著作权合同登记号 图字：01-2019-3999

项目合作：锐拓传媒 copyright@rightol.com

出版发行 /	北京理工大学出版社有限责任公司
社　　址 /	北京市海淀区中关村南大街5号
邮　　编 /	100081
电　　话 /	（010）68914775（总编室）
	（010）82562903（教材售后服务热线）
	（010）68948351（其他图书服务热线）
网　　址 /	http://www.bitpress.com.cn
经　　销 /	全国各地新华书店
印　　刷 /	三河市宏图印务有限公司
开　　本 /	710毫米×1000毫米　1/16
印　　张 /	8
字　　数 /	64千字
版　　次 /	2020年2月第1版　2020年2月第1次印刷
定　　价 /	33.00元

责任编辑 /	申玉琴
文案编辑 /	申玉琴
责任校对 /	周瑞红
责任印制 /	施胜娟

图书出现印装质量问题，请拨打售后服务热线，本社负责调换